La colección LEER EN ESPAÑOL ha sido concebida,
creada y diseñada por el Departamento de Idiomas
de la Editorial Santillana, S.A.
El sueño de Otto es una obra original
de **Rosana Acquaroni Muñoz**
para el Nivel 1 de esta colección.

Ilustración de la portada: **Colo**

Ilustraciones interiores: **S. P. Comunicación**

Coordinación editorial: **Elena Moreno**

Dirección editorial: **Silvia Courtier**

© 1994 by Rosana Acquarioni Muñoz
© de esta edición,
   1994 by Universidad de Salamanca
   y Santillana, S.A.
Torrelaguna, 60. 28043 Madrid
PRINTED IN SPAIN
Impreso en España por UNIGRAF
Avda. Cámara de la Industria, 38
Móstoles, Madrid
ISBN: 84-294-4042-9
Depósito legal: M-16.042-2005

EL SUEÑO DE OTTO

ROSANA ACQUARONI MUÑOZ

Colección
LEER EN ESPAÑOL

español

**SANTILLANA
UNIVERSIDAD
DE SALAMANCA**

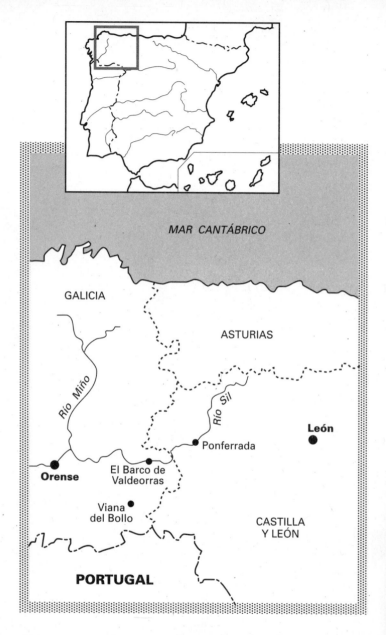

MAR CANTÁBRICO

GALICIA

ASTURIAS

Río Miño

Río Sil

León

Ponferrada

Orense

El Barco de
Valdeorras

Viana
del Bollo

CASTILLA
Y LEÓN

PORTUGAL

I

No, no es verdad. Los telegramas[1] no siempre nos dan malas noticias[2]. A veces llegan y nos hacen sonreír, Pero éste es diferente. Es un telegrama raro; sí, difícil de entender.

Carmen está sentada en el bar de la estación del Norte[3]. Tiene el telegrama de Otto entre las manos y lo lee una y otra vez:

QUERIDA DOÑA CARMEN. STOP. ESTOY EN EL BARCO DE VALDEORRAS, ORENSE. STOP. LA ESPERO A USTED ESTE FIN DE SEMANA. POR FAVOR VENGA TAMBIÉN CON SYLVIE. STOP. DÍA 29 DE AGOSTO. 20 H. STOP. EN LA PLAZA DEL PUEBLO. STOP. UN DÍA MUY IMPORTANTE EN MI VIDA. STOP. OTTO LILIENTHAL JR.

Carmen casi no puede creerlo. Meses y meses sin saber nada de Otto, y una tarde, hace cuatro días[4], llega este raro telegrama.

Ahora son las once menos cuarto de la mañana y está esperando a Sylvie. No hay demasiado tiempo. El tren para El Barco de Valdeorras sale dentro de treinta minutos. Sylvie no llega y Carmen está un poco nerviosa.

Otto, Otilio, Otto Lilienthal Jr. Aquel chico alto, de ojos más azules que el mar... Carmen se acuerda[5]: estaba sentada en esta misma mesa, en este simpático bar de la estación del Norte, una mañana de agosto, hace ya un año...

***

—*Buenos días, doña Carmen. ¡Cuánto tiempo sin verla! ¿Qué tal? ¿Ya está preparada para empezar las clases?* —dice el camarero.

El camarero se llama Paco. Es un buen hombre. Carmen lo conoce desde hace muchos años. Ella es profesora de español para extranjeros en una pequeña escuela muy cerca de allí.

—*Sí, Paco, otro año más. Y yo ya estoy vieja...*

—*Eso no es verdad. Este verano está usted más guapa que nunca... Y dígame, ¿cuántos alumnos tiene este año en clase? ¿Más que el verano pasado?*

—*No lo sé. Siempre llegan estudiantes en el último momento.*

—*Bueno, ¿qué va a tomar? Tenemos tortilla de patatas[6], queso muy rico..., ¿o prefiere unas patatas bravas[7]?*

—*¿Unas patatas bravas a las once de la mañana y a los cincuenta años? ¡Paco, por favor! Me parece que tú me quieres matar.*

Paco empieza a reír.

6

—Bueno, pues un café solo y unos churros[8], ¿verdad?

—Verdad —sonríe Carmen.

Paco entra en la cocina del bar.

Carmen empieza a leer el periódico. Está bastante nerviosa. Siempre es así el primer día de clase. Pero a Carmen le gusta mucho su trabajo y conocer gente de otros países, gente diferente, con otras ideas.

Ya llegan el café y los churros.

—Aquí está su desayuno. ¿Algo más? —pregunta Paco.

—Nada más Paco, muchas gracias.

Pero Paco no se va, se queda allí, de pie, delante de Carmen. Le gusta mucho hablar con ella. Carmen siempre le cuenta cosas interesantes de sus estudiantes.

En ese momento llega al bar un chico alto, rubio, con gafas de sol y se sienta en la mesa de enfrente.

—Bueno, doña Carmen, me voy. Voy a ver qué quiere ese señor. Hasta luego —dice Paco antes de ir a la otra mesa.

—Buenos días, ¿qué va a tomar?

—Quiero un pincho de tortilla[6] y un chocolate[9] muy caliente, por favor —pide el chico.

Éste ha hablado muy claro pero un poco despacio; parece extranjero. Paco no comprende cómo alguien puede tomarse ese desayuno. ¡Un pincho de tortilla con chocolate!... Hasta ahora, no le ha pedido nadie una cosa así.

Paco no se mueve. El chico le sonríe y le mira sin quitarse las gafas de sol.

—*Pues, un pincho de tortilla y... un chocolate... para el señor* —dice por fin el camarero.

Carmen lo está viendo todo desde su mesa. Sonríe también. «Este chico rubio no parece español» —piensa.

El joven deja las gafas de sol encima de la mesa y empieza a leer el periódico. Tiene unos grandes ojos azules. Mira el reloj de la estación. Ya son casi las ocho y media y la clase de español empieza a las nueve. No le queda demasiado tiempo. No quiere llegar tarde. Es su primer día de clase en esa escuela. Pero él ya sabe hablar español bastante bien: lo ha estudiado en su país y está viviendo en España desde hace casi tres meses.

El camarero vuelve.

—*Aquí tiene, señor: su chocolate y su tortilla... ¿Alguna cosa más?*

—*No, gracias, nada más* —contesta el joven—. *¿Me puede decir cuánto es?*

—*Pues para usted... sólo doscientas sesenta pesetas* —dice Paco.

El chico coge el dinero para pagar.

«Qué raro... —piensa por un momento— ¿Por qué dice: para usted...? Un chocolate y un pincho de tortilla deben ser doscientas sesenta pesetas para todos, ¿no? No lo entiendo... Luego lo pregunto en clase.»

***

El café de Carmen ya está frío. Son las once de la mañana y Sylvie no ha llegado. Carmen llama al camarero, un chico joven, y paga su café. Luego le pregunta:

—Oiga, perdón, ¿no está Paco, Paco Botella?

—No, señora. Paco no está —contesta el camarero—. Todavía trabaja aquí, pero ahora está de vacaciones. Se fue ayer y no vuelve a Madrid hasta el 15 de septiembre.

Carmen le da las gracias. Coge el telegrama y lo lee otra vez despacio.

«Este Otto... ¡Qué divertido era... y qué buen estudiante!» —piensa.

Sylvie está entrando en ese momento en la estación del Norte. Busca a Carmen por todas partes y por fin la ve sentada en una mesa del bar. Carmen la ve también y la llama con la mano desde lejos.

La joven parece cansada. Lleva un gran bolso de mano y anda despacio.

—¡Hola, Carmen! Ya estoy aquí. ¡Qué calor hace! Es imposible vivir en esta ciudad en agosto. El autobús estaba más lleno de gente que nunca... Pero, ¿cuándo se van a ir los madrileños a la playa? —dice Sylvie antes de sentarse enfrente de su amiga.

—Buenos días, Sylvie. Pero, ¿qué llevas en ese bolso? —pregunta Carmen divertida.

—Pues, ropa, ropa para el fin de semana. No sabemos qué nos espera en ese pueblo. Quién sabe... Puede ser una boda[10]. La boda de Otto. A mí me gusta estar preparada para todo y por eso llevo uno o dos vestidos de fiesta muy bonitos...

Carmen se ríe.

–Tranquila, tranquila –le dice a Sylvie–, muy pronto vamos a saber para qué vamos a El Barco de Valdeorras. Pero ahora debemos darnos prisa. Son las once y diez y el tren sale a las once y cuarto. O corremos un poco, o va a salir sin nosotras.

II

CARMEN y Sylvie ya están en el tren. Hay mucha gente dentro y casi no pueden andar. Por fin llegan a sus sitios.

Hace mucho calor. Carmen se quita la chaqueta. Sylvie abre su gran bolso y coge una botella de agua. Tiene sed.

—Lo ves, Sylvie, no hay duda: todos estos madrileños se van de vacaciones —le dice Carmen.

Sylvie la mira y sonríe. Carmen es muy simpática. Sylvie la conoció el año pasado en aquella escuela. Fue su profesora de español, ahora son buenas amigas.

—Te veo muy tranquila, Carmen. ¡Qué suerte tienes! Yo no hago otra cosa que hacerme preguntas. No entiendo toda esta historia. Un año sin escribirnos, sin llamarnos por teléfono... Un año sin darnos noticias, y ahora, Otto nos escribe ese telegrama...

—Es bastante raro... pero tú conoces a Otto mejor que yo. No es fácil saber qué tiene en la cabeza. No hace nunca las cosas como todos.

—Sí, es un chico diferente —contesta Sylvie—. ¡Puag! Esta agua está caliente. Es imposible beberla.

Luego deja la botella en el suelo y mira por la ventana sin hablar.

—Buenos días, ¿cómo estáis? Yo me llamo Carmen y voy a ser vuestra profesora de español estas cinco semanas.

«Pero... un año, un año —se repite la joven una y otra vez—, es mucho tiempo; demasiado tiempo...»

Sylvie cierra un momento los ojos y empieza a pensar en Otto: «No puedo olvidar aquel primer día de clase. Sí, lo estoy viendo, estoy viendo a Otto entrar en clase aquella mañana».

***

—*Buenos días, ¿cómo estáis? Yo me llamo Carmen y voy a ser vuestra profesora de español estas cinco semanas. ¿Cómo os llamáis?* —pregunta Carmen después de sentarse y dejar su bolso encima de la mesa.

—*Mi nombre es Alec* —contesta uno de los estudiantes.

—*¿Y de dónde eres, Alec?*

—*Yo soy alemán, de Berlín* —contesta Alec.

—*Yo soy Ruth, también soy de Berlín* —contesta otra estudiante, sentada a la derecha de Alec.

Todos empiezan a decir cómo se llaman y de dónde son.

—*Y yo me llamo Sandra. Soy de Stuttgart, pero ahora vivo en Munich.*

—*¿Y tú?* —pregunta Carmen a una chica morena de ojos verdes.

—*Yo soy francesa, de París... y me llamo Sylvie.*

—*¿Conocéis España o estáis aquí por primera vez?*

—*Hemos venido muchas veces* —explica Sandra.

–*¿Cuántas veces?* –*pregunta Carmen.*

–*Doscientas, doscientas cincuenta...* –*contesta ahora Alec.*

Los jóvenes no dicen nada más. Todos ellos parecen estar de acuerdo con Alec. Carmen no sabe qué pensar; no entiende qué está pasando. Ella los mira uno a uno y sonríe. Después va hasta la pizarra[11] *y escribe:* «*200, 250*».

–*Sí, doscientas, doscientas cincuenta* –*repite Alec.*

–*¿De verdad... estáis seguros?* –*pregunta Carmen un poco nerviosa.*

Todos contestan que sí con la cabeza. Carmen no dice nada. «*No puedo creerlo* –*piensa*–. *Me parece que ya estoy vieja y no oigo bien.*»

–*Y... ¿cuál es vuestro trabajo?* –*les pregunta después.*

–*Somos pilotos*[12] *y azafatas*[13]... –*contesta Sylvie.*

Ahora todos empiezan a reír. También Carmen.

–*Conocemos muy bien los aeropuertos españoles...* –*explica Ruth.*

–*Y también los hoteles...* –*dice Sandra después.*

En ese momento se abre la puerta de la clase y entra un chico alto, rubio, de ojos grandes y muy abiertos. Lleva una bonita camisa verde agua y unos pantalones azules. Anda despacio, sin decir nada y se sienta detrás de Alec, muy cerca de Sylvie. Carmen se pone las gafas y lo mira bien. Sí, es el mismo chico del bar de la estación.

–*Buenos días. Tú también eres nuevo, ¿no es así?* –*pregunta Carmen un poco enfadada.*

—Sí, siento llegar tarde —explica el chico con la cabeza baja—. No conozco bien esta parte de la ciudad y me he perdido... Me llamo Otto, en español «Otilio», y soy alemán.

—Otto... ¡Ah, sí! Aquí tengo tu nombre.

Carmen lee en su cuaderno y repite: «Otto, Otto Lilienthal».

—No, ése es el padre de mi abuelo.

—Tu bisabuelo[14] —explica Carmen.

—Sí, eso es... mi bisabuelo —repite el joven—. Yo soy Otto Lilienthal Jr.

—Y dime, Otto Lilienthal Jr., ¿tú también eres piloto? —pregunta Carmen divertida.

—No, soy estudiante. Voy a empezar a estudiar arquitectura[15] en la universidad. Ahora estoy de vacaciones. Pero me gusta mucho volar[16].

Sylvie está mirando a Otto desde el principio. Le parece un chico muy guapo.

—Bueno, chicos, vamos a ver qué me podéis contar en español —dice Carmen—. Alec, ¿puedes hablarnos un poco de vuestro trabajo? ¿Es difícil pilotar[12] un avión?

—Volar en avión es fácil —empieza Alec.

—Es más difícil volar sin avión —termina Otto.

Todos se ríen.

—Quiero decir que volar en un avión no es divertido. Es más interesante volar sin motor[17], como los pájaros.

Carmen no dice nada. Hoy no es fácil dar la clase.

—*Eso no es posible* —contesta Sandra.

—*¿Por qué no? Mi bis... ¿Cómo dijiste, Carmen? ¿Bisabuelo?* —pregunta Otto a la profesora.

—*Sí* —contesta ella.

—*Pues, mi bisabuelo lo hizo.*

—*¿Quieres decir que tu bisabuelo tenía alas*[18]*?* —pregunta Sandra.

—*Sí, algo así...* —contesta Otto muy seguro.

Los otros chicos se miran entre ellos y empiezan a reír.

—*Yo vuelo muchas veces. Todas las noches tengo el mismo sueño. Me ocurre desde los tres años. Cierro los ojos y empiezo a volar. Ahora puedo volar también* —Otto cierra los ojos—. *Ya estoy volando. Vuelo por encima de unas montañas*[19] *muy verdes. A la izquierda puedo ver un río*[20] *de color azul. El sol está jugando en sus aguas claras, corre entre las montañas hasta llegar con el río a un bonito pueblo. Desde una plaza del pueblo la gente mira cómo aterrizo*[21]*.*

Todos miran a Otto sin decir nada. Después de un momento Ruth parece acordarse de algo y dice:

—*Ese apellido... Lilienthal... Hay un Lilienthal, un Otto Lilienthal, un hombre muy rico... ¡Claro, ya sé, fue muy importante para la historia de la aviación*[22] *alemana...! ¿Tú eres de la familia de aquel Lilienthal?* —le pregunta Ruth a Otto.

—*Sí, Otto Lilienthal es mi bisabuelo. Un gran hombre. Él fue el inventor*[23] *del primer planeador*[24]*. Yo soy como él, mi padre siempre lo dice.*

—*Bueno, ya es la hora. Para mañana, por favor, estudiad el capítulo I y haced los ejercicios* —dice Carmen para terminar la clase.

Sylvie está saliendo de la escuela y en la puerta se encuentra con Otto.

—*Oye, Otto, ¿tienes prisa?* —le pregunta.

—*No, ¿por qué?* —contesta él.

—*¿Quieres tomar algo conmigo? Así me hablas un poco más de tu familia.*

—*De acuerdo, ¿dónde vamos?*

—*Ahora, en agosto, casi todos los sitios están cerrados. Es difícil encontrar un bar abierto para tomar café...*

—*Ven* —dice Otto—, *yo conozco un lugar y está muy cerca de aquí.*

III

En todo ese año sin noticias, Sylvie no ha podido olvidarse de Otto. Ha sido un buen amigo y ella siempre se acuerda de los amigos. Además, ahora sabe que siente algo muy especial por ese chico.

El tren está tranquilo. Muchos duermen. Otros escuchan música o leen. Un tren es también un buen lugar para pensar. La gente mira por la ventana y siente pasar la vida delante de sus ojos.

Fuera, el campo está amarillo. Hace muchos meses que no llueve en España. Los pájaros parecen correr detrás del tren. Los árboles también parecen moverse.

Carmen y Sylvie están viajando desde hace ya tres horas.

–Sí, Carmen, estoy segura: Otto se casa. Por eso dice: «UN DÍA MUY IMPORTANTE EN MI VIDA».

–Pero no habla de boda. No, Sylvie. Otto nos tiene algo preparado en El Barco de Valdeorras, pero su boda no. No creo. ¿Qué otra cosa puede ser? No lo sé. Sólo allí lo vamos a saber.

El tren va más rápido ahora. Lejos quedan ya el ruido de la ciudad y las calles grises de Madrid.

Detrás de Sylvie, unas chicas jóvenes empiezan a cantar. Carmen cierra el periódico y las escucha divertida.

Sylvie coge el periódico pero no puede leer. Sólo puede pensar en Otto. Ha estado muy enfadada con él, y todavía lo está un poco. Irse así, sin decir nada, sin decirle nada a ella, su gran amiga. Pero es verdad: como dice Carmen, Otto es un chico diferente. Ella lo sabe muy bien. Aquel día del verano pasado en el bar, después de salir de clase...

***

Paco, el camarero de la estación del Norte, ve llegar otra vez a Otto. Y ahora viene con una amiga.

–¿Qué van a tomar, señor, un chocolate y un pincho de tortilla para usted y para la señorita...? –pregunta Paco.

–No –contesta Otto.

–Ah, ¿no?

–No, son dos; dos pinchos de tortilla y dos chocolates muy calientes, por favor.

Paco vuelve a la cocina. Habla solo: «Paco, tranquilo –se dice–. No pasa nada. Piénsalo bien, Paco, no es nada malo tomar chocolate con tortilla. ¿Por qué no?»

–Aquí tienen: dos chocolates calientes y dos pinchos de tortilla –dice ahora a Sylvie y a Otto–. La tortilla es de esta misma mañana. Todavía está caliente. ¿Quieren algo más?

–No, muchas gracias, está bien así –contesta Sylvie.

—Otto, ¿por qué dices que vuelas desde los tres años?
—Es verdad, empecé a volar a los tres años.

–Oye, Sylvie, tú, ¿por qué estudias español? –pregunta Otto a su compañera de clase.

–Muy fácil; debo hablarlo bien por mi trabajo. Ahora es muy importante saber español. Además, me gusta mucho España.

–¿Dónde vives?

–En París, en un pequeño piso del centro de la ciudad. Vivo sola. Bueno, con mi perro[25]; se llama «Pasodoble»[26].

–Ése es un nombre muy español, ¿no es así? –pregunta Otto.

–Sí, es el nombre de un baile típico[26]. Mi perro es muy pequeño y por eso anda así... con pasos dobles.

Paco sonríe. Esos chicos son divertidos. Un poco raros, pero simpáticos. Por eso se queda cerca de ellos, para poder escucharlos.

–Y tú, Otto –pregunta ahora Sylvie–, ¿por qué estás en España?

–Dentro de un año empiezo a estudiar arquitectura en Alemania. Pero antes quiero conocer otros países, otras gentes... España me parece muy interesante. Mi bisabuelo habla mucho de España en su diario[27]. Esos pequeños pueblos de Galicia, León, Asturias...

–Otto, ¿por qué dices que vuelas desde los tres años?

–Es verdad, empecé a volar a los tres años. ¿Te cuento la historia? ¿Quieres?

–Sí, por favor –contesta rápido Sylvie.

Otto bebe un poco de chocolate. Se queda sin hablar un momento. No mira a Sylvie, tiene los ojos perdidos. Parece estar en otro sitio, lejos. Por fin dice:

—Todo empieza un día de primavera, en el mes de abril, en la vieja casa de campo de mi bisabuelo. Estoy jugando en el jardín, sentado en el suelo, con mis pantalones cortos y una camisa blanca. Mis padres se han ido a la ciudad. Mis dos hermanos están allí, con unos amigos. Están hablando y mirándome. Luego vienen y mi hermano mayor me coge de la mano. Me llevan detrás de la casa. Allí tenemos los pollos.

—¿Los pollos? —pregunta Sylvie.

—Sí, los pollos, esos pájaros grandes, blancos. En francés se llaman... «oies», creo... Pero yo no sé mucho francés... Mi padre es un hombre de campo y le gusta tener pollos... Siempre comemos uno los días de fiesta.

Sylvie no sabe qué hacer para no reírse. Bebe un poco de chocolate.

—No, Otto, esos pájaros no son pollos. En español se llaman ocas[28] —explica por fin la chica.

—Bueno, sí, ocas... ocas —repite Otto un poco enfadado—. Pues mi hermano me dice: «Otto, ven, no te va a pasar nada, tranquilo. Ahora vas a volar como nuestro bisabuelo». Él coge una de las ocas, muy grande. Entramos en casa los dos, con el animal. Los otros se quedan en el jardín. Vamos a mi habitación, en el primer piso. Allí, mi hermano me lleva hasta la ventana. Sube la oca, me sube encima de la oca y...

Sylvie escucha. Le parece que está en medio de un sueño.

—En ese momento, la oca abre sus grandes alas y empezamos a volar. Al principio tengo los ojos cerrados, pero después los abro. Es muy divertido mirarlo todo desde arriba; veo el jardín, mi hermano Sigmund, sus amigos...

—¿Y...? —pregunta Sylvie bastante nerviosa.

—¿Después? Después me veo a mí en mi cama. Mi madre está conmigo y me dice: «¡Mi Otto, mi pequeño Otto! ¡Cómo pudieron hacer eso tus hermanos! ¡Matarte casi! No sé qué voy a hacer con ellos».

—¿Y no te rompiste nada? —pregunta Sylvie.

—Sólo una pierna, tuve suerte...

***

En ese momento, llega Carmen al bar de la estación y se sienta. Paco la ve y va hasta su mesa.

—¡Buenos días, doña Carmen! ¡Qué contento estoy de verla! Con usted no tengo problemas; usted va a pedir lo de siempre, ¿verdad? Hoy la gente me pide unas cosas... Mire a esos jóvenes..., pues han querido comer tortilla con chocolate caliente. ¡Y hoy, con este calor, además!

Paco no tiene palabras para explicar a Carmen qué le ha parecido ese raro desayuno. Ella mira y ve a Otto y a Sylvie.

—Cuidado, Paco, esos chicos son dos de mis alumnos. No debes ser duro con ellos.

Carmen se pone de pie.

—¡Buenos días, chicos! ¿Qué tal? —*dice a Otto y a Sylvie.*

—¡Buenos días! ¿Por qué no se sienta con nosotros? —*contesta Sylvie.*

—*Claro. Encantada.*

Carmen va hasta la mesa de Otto y Sylvie. Paco la sigue.

—*Chicos, este señor es Paco, un buen camarero y un viejo amigo. Paco, éstos son Sylvie y Otto. Desde hoy los vas a ver muchos días aquí. Ellos están estudiando español en mi escuela.*

—Hola, ¿qué tal? Encantado —*dice Paco*—. Yo... yo... estaba... escuchando... esa historia... Eso de la oca... bueno, ya sabéis... En fin..., yo lo siento mucho...

Paco no sabe qué decir. Otto y Sylvie se miran y le sonríen.

—Gracias, Paco —*contesta Otto*—. Y ahora, ¿nos puedes traer otro chocolate caliente para mí y para Sylvie, por favor? Y usted, doña Carmen, ¿qué quiere tomar?

—Pues, sí, también quiero un chocolate, muy caliente... pero con churros —*sonríe a Paco.*

—¡Ahora mismo! —*contesta éste.*

IV

«PACO, nuestro Paco... ¡Cuántas veces desde aquel día, tomamos chocolate y tortilla y hablamos con él en aquel bar de la estación!» –piensa Sylvie– Luego mira a Carmen. Ahí está, de pie, cantando con esas chicas de antes. Carmen es así. Muchas veces parece una chica joven.

Ya están llegando a Galicia. Ahora el campo es diferente. Es más verde y hay muchos bosques entre las montañas grises. El tren no se mueve. Está en la estación de Ponferrada, la última antes de llegar a El Barco de Valdeorras.

El tiempo se ha parado también. Los minutos pasan muy despacio. Sylvie está mirando por la ventana. Y otra vez piensa en Otto.

«Aquel primer día de clase, ¡qué lejos está ya! ¡Pero qué bien me acuerdo de él! Y también de aquella fiesta en casa de Marta. Claro, ¿cómo olvidar lo que hizo allí Otto? Este Otto... Carmen no lo sabe todo sobre él... ella no estaba con nosotros aquella noche. Y no sé si debo hablarle de ello.»

Sylvie no se olvida. Todo empezó con una llamada de teléfono.

***

–¿*Diga?*

–*Sylvie, hola, soy Marta, la amiga de Ruth...*

–*¡Ah, sí! ¿Cómo estás? ¡Cuánto tiempo sin vernos!*

–*Sí, demasiado* –contesta Marta.

–¿*Y qué tal?*

–*Bien, muy bien, ya estoy de vacaciones... Oye, mañana por la noche hago una fiesta en mi casa. ¿Qué te parece? ¿Vienes?*

–*Claro que sí. Pero...*

–*Dime.*

–*Voy a llevar dos amigos, ¿vale?*

–*Sí, vale, muy bien. ¿Los conozco?* –pregunta Marta.

–*No, no los conoces, pero te van a gustar; estoy segura* –contesta Sylvie.

Marta vive en el séptimo piso de una vieja casa del centro de Madrid con su padre, un importante diplomático[29] alemán. La casa tiene muchos metros y no es difícil perderse en ella. La habitación de Marta, grande como todas, tiene, además, una terraza[30]. Allí, ella tiene casi un bosque: flores de todos los colores, pequeños árboles, dos o tres de ellos con frutas. Y en medio hay una jaula[31] muy grande llena de pájaros. Marta no sabe cuántos tiene; más de treinta, seguro, y todos diferentes: grandes, pequeños, blancos, amarillos, verdes y rojos... Su padre los compra en sus viajes.

Todo está preparado ya para la fiesta. La gente empieza a llegar. Otto, Paco y Sylvie entran ahora por la puerta.

–*Oye, Otto, yo ya soy un poco viejo para estar aquí, ¿no crees? Esto es una fiesta para gente joven, como vosotros* –dice Paco nervioso.

–*Eres tonto, Paco. Los años no son importantes. Estamos aquí por ser amigos de Sylvie y nada más. Va a ser una fiesta muy divertida. Además, Sylvie dice que su amiga es muy simpática. Mira: me parece que es esa chica.*

–*¡Hola, Marta! ¡Qué guapa estás!* –dice Sylvie– *Éstos son mis amigos, Otto y Paco. Chicos, ésta es Marta.*

–*Encantados* –contestan Paco y Otto.

–*Lo mismo os digo.*

–*Tienes una casa muy bonita, Marta* –dice Otto.

–*Muchas gracias. Ya sé que tú vas a estudiar arquitectura en Alemania... Y tú Paco, ¿qué estudias?*

–*Pues yo... todo y nada, quiero decir que... no estudio nada. Yo trabajo... soy camarero...*

Hay mucho ruido en esta habitación. Demasiada gente y la música muy alta. Marta no oye a Paco y le pregunta otra vez.

–*¿Qué?*

–*¡Camarero!* –repite Paco, rápido y bajo.

–*¿De verdad? ¡Eso es muy interesante!*

–*Pues sí. Conozco a mucha gente...*

–*Y seguro que conoces muchos lugares también. ¡Qué bonito es ir así de plaza*[32] *en plaza! Pero ¡qué peligroso! Un día, un accidente... esos animales... te pueden matar...*

–¡*Cómo eres, Paco! Pero no estás bebiendo nada. Ven, vamos a buscar algo. Te gusta el «champagne», ¿verdad?*

Paco no oye nada, no entiende nada. Tiene mucho calor y no se siente bien. Se pregunta por qué ha venido aquí. «Ése no es su sitio» –piensa. No sabe qué decir:

–¿Cómo? ¿Qué dices? ¿Peligroso? Pues un poco, sí. Bueno, no mucho...

–¡Cómo eres, Paco! Pero no estás bebiendo nada. Ven, vamos a buscar algo. Te gusta el «champagne», ¿verdad? A mí me gusta mucho...

«Bueno –piensa Paco–, parece que aquí no beben sólo chocolate caliente.»

–Sylvie –dice Otto–, escucha: Marta cree que Paco es torero y no camarero...

–Sí, eso parece... –ríe Sylvie.

Para los dos amigos la fiesta es divertida. La música es buena y la gente simpática. Desde lejos ven a Marta y a Paco. Están hablando. Sylvie ve cómo Paco se abre la chaqueta; y también cómo el hombre se pasa la mano por el pelo, nervioso. Ella se pregunta si ha hecho bien en traerlo aquí. «Paco Botella, torero por un día» –piensa.

En este momento, Otto sale de la habitación. Quiere estar solo. Sin saberlo, llega cerca de la habitación de Marta. «Es el "champagne", seguro –piensa Otto–, pero estoy oyendo cantar a unos pájaros.»

Abre la puerta y entra. Allí están. Pájaros y más pájaros cantan en medio de la noche, en medio de la ciudad. Pájaros de Tokio, del Brasil, de Australia, perdidos en un séptimo piso *del centro de Madrid. Otto se pone nervioso. No puede dejarlos allí, en esa jaula. Los pájaros están hechos para volar. Deben volar.*

Por un momento Otto sólo piensa en eso y abre la jaula de los pájaros. Todos salen de la habitación. En unos minutos vuelan por toda la casa. Son treinta pero parecen más. Hacen mucho ruido. Ruido de alas en medio de la noche. Pájaros verdes, amarillos, rojos, grandes y pequeños vuelan por todas partes.

Al principio no se mueve nadie. Pero luego la gente empieza a correr, de una habitación a otra. Marta no puede creerlo. Sylvie no sabe qué hacer. Todo está roto, por el suelo, los vasos, las mesas, las sillas...

***

Otto, Otilio, «el señor de los pájaros», como lo llama Marta. Se fue aquella noche. No volvió a clase. No llamó a nadie. Sylvie esperó y esperó, pero nada: desde aquella fiesta, no lo ha visto más y no ha sabido nada de él. Por él ha perdido a una amiga, Marta. Ella está muy enfadada todavía. No comprende cómo Sylvie pudo traer a su casa a una persona así.

Ahora, por fin, Sylvie sabe que Otto vive; que está en España; y que se acuerda de ella.

Carmen ha vuelto ya a su sitio y la mira.

—Pero Sylvie, pequeña —le dice—, ¡abre los ojos! ¿En qué estás pensando? A ti te ocurre algo, ¿verdad? Dime la verdad.

—¿A mí? No, no me pasa nada. Tengo un poco de sueño, eso es todo... —contesta Sylvie.

Pero esas palabras están llenas de dudas y Carmen lo sabe.

—Bueno, pues prepárate ya. Vamos a llegar a El Barco de Valdeorras.

V

EL Barco de Valdeorras es un pequeño pueblo entre Orense y León, en el norte de España. El río Sil pasa por el pueblo. La gente va a pasear cerca de él para ver correr sus aguas claras y azules.

«Ya hay pocos pueblos tranquilos como éste» –piensan Sylvie y Carmen, sentadas en un pequeño bar de la plaza–. Han llegado por fin. Ahora son las siete y media de la tarde y están esperando.

Después de tomarse algo frío, Sylvie entra en el cuarto de baño con su gran bolso. Dentro lleva su ropa y quiere ponerse un vestido de fiesta. Pronto vuelve.

–Pero Sylvie, ¡qué guapa estás! –le dice Carmen.

–Gracias. Es un vestido de París... pero no entiendo por qué toda esta gente me mira así.

Carmen se ríe y empieza a hablar de otra cosa.

–Oye, Sylvie, ¿no crees que este pueblo, esta plaza, son como en el sueño de Otto?

–Déjame pensar –contesta Sylvie–. Pues sí, es verdad. ¡Qué raro!

En ese momento entra Paco con un hombre y una mujer. Ella es alta y rubia. Tiene los ojos muy azules, como Otto.

—No veo bien sin gafas pero creo... ¡Sí, claro que sí! ¡Es Paco!

Carmen y Sylvie lo llaman. Paco por fin mira y ve a las dos mujeres.

—¿Cómo están mis chicas? ¿Qué tal? Doña Carmen, ¡cuánto tiempo sin verla! Claro, se han terminado sus clases en la escuela y no viene a verme al bar de la estación. ¡Qué pronto se olvida usted de los amigos!

—Eso no es verdad, Paco y tú lo sabes... —contesta Carmen.

—Bueno, perdón, ustedes no se conocen. Éstos son los señores Lilienthal, los padres de Otto —dice Paco a Carmen y a Sylvie.

—Encantada —dice Sylvie un poco nerviosa.

—Nuestro hijo, Otto, habla mucho de ustedes en sus cartas... —les dice la señora a Carmen y a Sylvie.

—Sí, y también habla bastante de este lugar —explica ahora el padre de Otto—. Miren, aquí tengo una de sus cartas. El hombre coge la carta y empieza a leer despacio: «Papá, estoy muy contento. Vivo desde hace unos meses en un pequeño pueblo llamado El Barco de Valdeorras. No estoy seguro; pero pienso que en este mismo pueblo estuvo el bisabuelo. Él no dice nunca el nombre, pero habla mucho de un lugar así en su viejo diario. La gente aquí es muy simpática. Todos me quieren mucho. Sobre todo "el Aviador[33]", un hombre muy interesante. Estamos trabajando los dos en algo

En ese momento algo empieza a moverse arriba, en las montañas.
Desde lejos parece un pájaro raro, o un gran paraguas abierto.

importante. Y creo que, con él, mi viejo sueño de siempre va a realizarse[34]. Pero no quiero decirte nada más por ahora. Hasta pronto. Otto.»

Carmen mira al padre de Otto sin hablar.

—¿«El Aviador»? —pregunta Sylvie— ¿Quién es «el Aviador»?

—Es un viejo amigo —empieza a explicar Paco—. Otto y yo hablamos de él después de la fiesta en casa de Marta, ya sabes...

Sylvie mira a Paco y baja la cabeza. Carmen no entiende qué está pasando.

—¿Y por qué lo llaman «el Aviador»? —pregunta ahora Carmen.

—Desde siempre le han gustado los pájaros, los aviones, los planeadores... y volar. Además, reconstruye[35] raros artefactos[36] sin motor; trabaja como los primeros inventores de la aviación. Vive en Viana del Bollo, a 50 kilómetros de aquí. Por estos lugares toda la gente lo conoce.

—¿Y Otto está con él? —pregunta Sylvie.

—Eso parece —dice Paco—. Pero bueno, ¿qué hora es ya?

—Son las ocho de la tarde... —contesta Carmen.

«Aquí no hay boda. ¡Mejor! —piensa Sylvie— Pero ya son las ocho y Otto no llega.»

En ese momento algo empieza a moverse arriba, en las montañas. Desde lejos parece un pájaro raro, o un gran paraguas abierto.

Toda la gente de la plaza lo está mirando.

—¡Mira, Carmen! —dice Sylvie, de pie, nerviosa— ¡Es Otto! Está volando, en un avión muy raro.

Carmen se pone las gafas.

—Eso no es un avión... No tiene motor. Sólo unas alas... unas alas de papel... Parece un artefacto de principios de siglo[37]... —dice después.

La madre de Otto se lleva las manos a la cabeza y cierra los ojos.

—¡Oh no, por favor! ¡Este chico me va a matar! Dime que no es verdad —le pide a su marido.

—Sí, es Otto. Otto está volando con el viejo artefacto del abuelo. Pero no es posible...

Otto empieza a bajar. Es muy bonito verlo allí arriba, ver cómo se mueve muy despacio, como un gran pájaro de colores.

Por fin aterriza en medio de la plaza. Un hombre corre hasta él: es «el Aviador», el viejo aviador. Después llegan Carmen, los padres de Otto, Paco y Sylvie, más contenta que nunca. La gente del pueblo va detrás, para verlo de cerca.

—¡Otto, Otto! ¡Qué bien has volado! —dice «el Aviador»— Tu abuelo era un gran inventor, el mejor. Siempre quise reconstruir su planeador y por fin lo hemos hecho... Lo hemos hecho los dos...

Con Otto, él también ha realizado su gran sueño: el sueño de su vida.

—Dime, Otto, ¿no te has casado, verdad? —pregunta Sylvie muy roja.

—No, pero tú y yo podemos pensar en ello... —Otto guiña[38] un ojo a Sylvie.

Ella sonríe. También las mujeres sueñan[39].

—¡Camarero, por favor —Otto mira a Paco y le sonríe—, hoy no queremos chocolate caliente con tortilla! ¡Hoy «champagne», «champagne» para todos...!

SOBRE LA LECTURA

Para comprobar la comprensión

I

1. *¿Qué dice Otto en su telegrama?*

   ☐ *Que se ha casado.*

   ☐ *Que Carmen y Sylvie deben ir al pueblo de El Barco de Valdeorras.*

   ☐ *Que Carmen y Sylvie deben esperarlo en la estación.*

2. *¿En qué trabaja doña Carmen?*

   ☐ *Es profesora de español para extranjeros.*

   ☐ *Es profesora de lengua para niños españoles.*

   ☐ *Es profesora de inglés en la universidad.*

3. *¿Quién es Otto?*

   ☐ *El camarero del bar de la estación.*

   ☐ *Un estudiante de Carmen, del año pasado.*

   ☐ *Un estudiante de Carmen, de este año.*

4. *Carmen se acuerda de que, hace un año, en el bar de la estación, Otto pidió cosas raras. ¿Qué pidió?*

   ☐ *Un café con churros.*

   ☐ *Patatas bravas.*

   ☐ *Un pincho de tortilla con chocolate.*

5. *Paco, el camarero del bar, ¿está ahora allí?*

☐ *No, está de vacaciones.*

☐ *Sí, habla con Carmen del telegrama de Otto.*

☐ *No, trabaja en otro lugar.*

II

6. *¿Está Sylvie contenta de ir a El Barco de Valdeorras para encontrarse con Otto?*

☐ *Sí, pero está nerviosa.*

☐ *No, lo hace por Carmen.*

☐ *No, no quiere ver a Otto.*

7. *¿Son todos los alumnos de Carmen compañeros de trabajo?*

☐ *Sí, todos eran pilotos y azafatas alemanes.*

☐ *Sí, menos Sylvie y Otto.*

☐ *No, no se conocían.*

8. *¿Le gusta a Otto volar? ¿Volar cómo?*

☐ *No, no le gusta.*

☐ *Sí, le gusta. En avión, como todo el mundo.*

☐ *Sí, pero no en avión.*

9. *En aquel primer día de clase, ¿qué pasó con Otto?*

☐ *Habló más que nadie y todos hablaron de él.*

☐ *Llegó tarde y, por eso, habló poco.*

☐ *Quiso hablar de su vida pero no lo escuchó nadie.*

III

10. ¿Qué hace Sylvie en el tren?

☐ Hablar y cantar con sus compañeros de viaje.
☐ Dormir.
☐ Pensar en Otto, acordarse de él.

11. ¿Qué contó Otto a Sylvie en el bar de la estación?

☐ Que, a los tres años, voló subido encima de un pollo.
☐ Que, a los tres años, voló subido encima de una oca.
☐ Que, a los tres años, voló en un avión.

IV

12. En la fiesta, ¿por qué pensó Marta que Paco era torero?

☐ Porque Sylvie lo dijo.
☐ Porque Paco lo dijo.
☐ Porque no oyó bien a Paco.

13. En aquella fiesta, ¿qué hizo Otto?

☐ Nada especial.
☐ No habló con nadie.
☐ Abrir la jaula de los pájaros de Marta.

14. ¿Qué hizo después?

☐ Habló con Carmen y Sylvie.
☐ Dejó las clases, se fue.
☐ Volvió a las clases y a la vida de siempre.

V

15. Carmen y Sylvie están en el bar de *El Barco de Valdeorras*. ¿Quiénes llegan también allí?

☐ *Otto y sus padres.*
☐ *Paco y los padres de Otto.*
☐ *«El Aviador».*

16. ¿Quién es «el Aviador»?

☐ *Un amigo de Paco. Otto también lo conoce.*
☐ *Un viejo amigo de Otto. Es alemán.*
☐ *Un amigo de Paco, camarero como él.*

17. ¿Cuál era el gran sueño de Otto?

☐ *Volar como su bisabuelo.*
☐ *Volar en un avión moderno.*
☐ *Volar en una oca.*

18. ¿Y cuál era el sueño de «el Aviador»?

☐ *Reconstruir el artefacto inventado por Otto Lilienthal.*
☐ *Ser piloto de un avión moderno.*
☐ *Construir un avión moderno.*

Para hablar en clase

1. *¿Son las costumbres españolas muy diferentes de las de su país? ¿Le gustan? ¿Por qué? ¿Le parece rara alguna de ellas? ¿Por qué?*

2. *¿Alguna vez le ha ocurrido algo divertido por no saber hablar bien español u otra lengua? Cuéntelo.*

3. *¿Ha estado alguna vez en el norte de España? ¿Dónde? ¿Qué otras partes de España conoce?*

4. *¿Le gusta volar en avión? ¿Por qué? ¿Alguna vez ha volado en un planeador o en otro aparato sin motor? ¿Qué sintió?*

5. *¿Qué le parece la profesión de piloto de avión? ¿Y la de azafata? ¿Por qué?*

NOTAS

Estas notas proponen equivalencias o explicaciones que no pretenden agotar el significado de las palabras ò expresiones siguientes sino aclararlas en el contexto de *El sueño de Otto*.

m.: masculino, *f.:* femenino, *inf.:* infinitivo.

El sueño de Otto: sueño *(m.)* imágenes, historia que nos representamos cuando dormimos. También, la cosa, en general difícil de conseguir, que una persona no tiene y quiere, su objetivo.

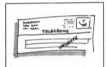

telegrama

1 **telegramas** *m.:* papel sobre el que vienen escritas **noticias** (ver nota 2), en general cortas e importantes; medios especiales para enviar estas **noticias**.

2 **noticias** *f.:* son aquí las cosas nuevas que alguien hace saber, las informaciones que da una persona sobre sí misma y sobre su vida (por teléfono, por carta, etc.).

3 **norte** *m.:* punto cardinal situado en la dirección del Polo Ártico (Polo que está en el mismo hemisferio que Europa y gran parte de Asia) y lugar situado en esta dirección.

4 **hace cuatro días**: cuatro días antes.

5 **se acuerda** *(inf.:* **acordarse**): piensa en el tiempo pasado, lo trae a la memoria. Más adelante, **acordarse de** algo es tenerlo presente.

pincho de tortilla

6 **tortilla de patatas** *f.:* huevos y patatas que se preparan de cierta manera, dando al resultado forma redonda. Este plato se come mucho en España. Un **pincho** *(m.)* **de tortilla** es un trozo de **tortilla de patatas:** se toma habitualmente con un poco de pan.

7 **patatas bravas** *f.:* patatas que se sirven con una salsa roja muy fuerte. Se toman mucho en los bares.

8 **churros** *m.:* dulces hechos de harina y agua, fritos en aceite. Tienen forma de pequeños cilindros. Se toman casi siempre con **chocolate** (ver nota 9).

9 **chocolate** *m:* bebida caliente de chocolate.

10 **boda** *f.:* acto de casarse dos personas y fiesta con que se celebra.

11 **pizarra** *f.:* en la clase, tablero sobre el que escribe o dibuja el profesor para explicar algo a sus alumnos.

12 **pilotos** *m.:* personas que conducen un avión. **Pilotar** es llevar el avión, conducirlo.

13 **azafatas** *f.:* mujeres que trabajan en los aviones y que se ocupan de los viajeros.

14 **bisabuelo** *m.:* padre del abuelo o abuela.

15 **arquitectura** *f.:* arte y ciencia de construir edificios.

16 **volar:** ir o moverse por el aire un animal (pájaro, etc.) o un aparato (avión, etc.); también viajar o ir de un lugar a otro por el aire, en un avión u otro aparato.

churros

17 **motor** *m.:* máquina que hace moverse y funcionar un coche, un avión u otro aparato.

18 **alas** *f.:* parte del cuerpo de los pájaros que les sirve para volar; parte de los aviones que les sirve para mantenerse en el aire.

19 **montañas** *f.:* grandes elevaciones del terreno.

montañas

20 **río** *m.:* corriente natural de agua que va a parar a otra corriente o al mar.

21 **aterrizo** *(inf.:* **aterrizar**): bajo hasta tocar el suelo, como lo hace un avión.

22 **aviación** *f.:* transporte de personas y cosas por el aire en aviones y otros aparatos parecidos.

23 **inventor** *m.:* persona que **inventa** *(inf.:* **inventar**), es decir, encuentra algo nuevo o una nueva forma de hacer algo: una técnica, una máquina o aparato, un sistema, etc.

24 **planeador** *m.:* aparato sin motor que sirve para volar.

25 **perro** *m.:* animal doméstico, muy amigo del hombre. Puede ser de muchos tamaños y razas.

perro

26 **pasodoble** *m.:* música y canción españolas de ritmo rápido. La música que se oye al principio de las corridas de toros es siempre un **pasodoble**. También es el nombre del **baile típico** *(m.)* correspondiente, una forma española de **bailar**, que es mover el cuerpo con ritmo siguiendo la música.

45

ocas

27 **diario** *m.:* libro o cuaderno en que una persona escribe día a día las cosas que le ocurren, las que piensa o siente.

28 **ocas** *f.:* aves domésticas, grises o blancas, más grandes que los pollos.

29 **diplomático** *m.:* persona que representa a su país ante otros países. En este caso, representa a Alemania ante España, interviene en las relaciones oficiales de Alemania con España, ayuda a los alemanes que están en España, etc.

30 **terraza** *f.:* en una casa, parte que está al aire libre y que se comunica con el interior por una puerta o ventana. Allí la gente puede tener flores, pero también una mesa para comer, etc.

31 **jaula** *f.:* caja que se usa para meter dentro pájaros y otros animales.

32 **plaza** *f.:* **plaza de toros**, terreno redondo preparado para las corridas.

33 **aviador** *m.:* **piloto** (ver nota 12).

34 **realizarse:** pasar de la imaginación a la realidad, ocurrir de verdad.

35 **reconstruye** *(inf.:* **reconstruir**): completa, arregla o hace otra vez algo que estaba roto.

36 **artefactos** *m.:* máquinas; habitualmente, se dice de aparatos en general grandes, que no corresponden a un modelo definido y que una persona **inventa** (ver nota 23) para un fin u objetivo determinado.

plaza de toros

guiñar un ojo

37 **principios de siglo:** años 1900 a 1910, más o menos.

38 **guiña** *(inf.:* **guiñar):** cierra y abre rápidamente un ojo, para hacer una seña a alguien.

39 **sueñan** *(inf.:* **soñar):** tienen **sueños** (ver nota al título).